LA VEUVE CALAS

A PARIS,

OU LE TRIOMPHE DE VOLTAIRE.

PIÈCE EN UN ACTE, EN PROSE;

PAR M. J. B. PUJOULX;

Représentée, pour la première fois, sur le Théâtre Italien, le 31 Juillet 1791.

J'ai fait un peu de bien, c'est mon plus bel ouvrage.
VOLTAIRE.

Prix, 12 sols.

Pour prévenir les contrefaçons, l'Auteur a fixé le prix de cet Ouvrage au taux ordinaire des Pièces contrefaites, quoiqu'il soit mieux imprimé, et beaucoup plus soigné que ces dernières. Il prévient qu'en attendant que les loix ayent donné des moyens certains de découvrir les contrefacteurs, les exemplaires de cette Pièce seront paraphés par lui.

A PARIS,

Chez BRUNET, libraire, place du Théâtre Italien;
Et chez les Marchands de Nouveautés,

1791.

L'arrêt de mort de Jean Calas, fut le triomphe de l'ignorance et du fanatisme; l'arrêt qui le ressuscita moralement, fut celui de la justice et de la philosophie.

Plusieurs auteurs ont pensé que le procès de Calas, présenté avec énergie, offriroit une grande leçon aux interprètes des loix, et j'ai cru que le tableau de la réhabilitation pourroit exciter dans les cœurs sensibles, le desir de défendre les opprimés.

Je suis parti, dans la composition de cet Ouvrage et de quelques autres, d'un principe qui n'est pas celui du bien du monde; le voici: c'est que le tableau de la vertu récompensée, est aussi puissant sur les cœurs, que celui du vice puni, parce que le théâtre n'exerce un véritable empire, que sur les ames qui ne sont pas totalement corrompues.

L'effet des trois Pieces que l'assassinat juridique de Jean Calas a fait naître, est peut-être plus que terrible, et j'avoue que je conçus ce petit Drame, dans l'espoir de répandre un peu de baume sur les plaies profondes et douloureuses que laissoit ce spectacle trop vrai, pour n'être pas déchirant.

A cette intention, se joignit le desir de présenter sous un nouvel aspect, un homme que ses traits de bienfaisance auroient rendu célèbre, si son génie universel ne l'avoit rendu immortel. D'ailleurs, je venois de mettre au théâtre, le tableau des derniers momens du Législateur profond, qui le premier mérita une apothéose; Voltaire avoit obtenu la seconde place dans le Panthéon François, et je trouvai digne d'un Auteur dramatique, qui sent toute l'influence des représentations théâtrales sur les mœurs du peuple, de rendre ainsi successivement un hommage public aux deux hommes à qui la patrie reconnoissante, a décerné le titre de GRANDS et les honneurs du triomphe.

PERSONNAGES.   ACTEURS.

La Veuve CALAS.	Mme. Desforges.
PIERRE CALAS, son fils.	M. Crettu.
SES DEUX FILLES, { l'aînée.	Mlle. Sophie Renaud.
{ la cadette.	Mlle. Babet.
JEANNE, leur Servante.	Mme. Gontié.
M. DEBEAUMONT, leur Avocat.	M. Solié.
M. DE VOLTAIRE.	M. Grangé.
Le PORTE-CLEF de la Prison.	M. Menié.
Un vieux DOMESTIQUE de M. Voltaire.	M. Favart.

La Scène est à Paris, dans la prison où se rendit volontairement la famille Calas, pendant la révision du procès de Jean Calas.

LA VEUVE CALAS
A PARIS.
PIECE EN UN ACTE.

Le Théâtre représente une chambre très-simple. A gauche, sur le devant, est un tronc de colonne, qui supporte un vieux buste de Voltaire, sur le socle duquel est attachée légèrement une inscription tracée à la main, portant ces mots : Au plus grand Génie, au cœur le plus sensible. Devant la colonne, est une table ; plus loin, est un portrait peint, couvert d'un voile noir : la porte qui donne dans le reste du logement, est du même côté. Celle qui sert d'entrée à la prison, est au milieu, dans le fond. A droite et sur le devant, est la porte d'un cabinet.

SCENE PREMIERE.

M. DE VOLTAIRE, UN VIEUX DOMESTIQUE, LE PORTE-CLEF.

M. de Voltaire entre avec le vieux Domestique, par la porte du fond ; le Porte-clef les suit, et s'arrête près de la porte.

VOLTAIRE.

Voici donc la prison de madame Calas ?

LE PORTE-CLEF.

Oui, Monsieur ; cette salle fait partie du petit appartement qu'elle occupe avec sa famille, dans cette prison. Elle est commune à deux autres chambres ; l'une est celle de madame Calas et de ses deux filles ; l'autre celle de M. Pierre Calas. Jeanne, cette vieille servante catholique, loge aussi dans la prison.

VOLTAIRE.

Ainsi, le séjour du vice et du crime sert aujourd'hui d'asyle à la famille la plus respectable et la plus malheureuse.

LE PORTE-CLEF.

C'est elle-même qui s'est rendue en prison pendant la révision du procès. Vous savez sans doute que le conseil a ordonné le rapport de la procédure, et a tout renvoyé aux requêtes de l'hôtel. On s'en occupe depuis quelques jours, et tout Paris attend avec impatience le résultat de cette affaire.

VOLTAIRE, *à part.*

J'ai vu, il y a trois ans, les habitans de Toulouse attendre avec la même impatience l'arrêt qui assassina Jean Calas. Mais, quelle différence ! le fanatisme les embrâsoit ; et peut-être que la philosophie éclairera les nouveaux juges de cette famille infortunée. (*Au Porte-clef*). Mais approchez, mon ami !

LE PORTE-CLEF.

Je ne puis.

VOLTAIRE.

Pourquoi ?

LE PORTE-CLEF.

Je suis Porte-clef : mon misérable métier....

VOLTAIRE.

Est nécessaire ; c'est un des malheurs de la triste humanité : est-ce votre faute, s'il y a des criminels ?

LE PORTE-CLEF.

On m'a recommandé de ne point me montrer à madame Calas, de crainte que mes habits....

VOLTAIRE.

Quelle erreur ! on tâche d'avilir votre métier, et l'on ne cherche point à inspirer d'horreur pour le crime.... Je suis sûr que l'on connoît mal madame Calas. Sans doute son cœur saigne toujours à l'aspect de ce qui lui rappelle le supplice de son époux ; mais ce n'est pas vous, ce n'est pas votre habit, qui feroit frémir cette veuve infortunée, et qui lui rappelleroit des souvenirs affreux ; c'est la vue de ses juges, c'est l'aspect d'un

Capitoul; voilà le véritable bourreau de Jean Calas: l'autre, l'exécuteur passif de l'arrêt, n'est à mes yeux qu'un homme à plaindre: c'est le crime seul qu'on doit fuir. — Approchez.

LE PORTE-CLEF, *montrant son cœur.*

Ah! Monsieur, vous connoissez bien....

VOLTAIRE.

Oui, je sais que c'est le mépris dont on couvre injustement les hommes, qui quelquefois finit par le rendre méprisables. Dites-moi, croit-on que la révision du procès sera longue encore?

LE PORTE-CLEF.

Le rapporteur devoit parler hier; il parlera peut-être aujourd'hui.

VOLTAIRE.

Vous m'avez dit que ce cabinet n'étoit point occupé, et qu'il ne dépendoit pas du logement de madame Calas.

LE PORTE-CLEF.

Il est vrai.

VOLTAIRE.

Eh bien! permettez-moi d'y venir aujourd'hui, pour tâcher de voir, d'entendre cette famille infortunée, sans en être vu.

LE PORTE-CLEF.

Mais....

VOLTAIRE.

Je suis étranger....

LE PORTE-CLEF.

Vous parlez cependant assez bien notre langue.

VOLTAIRE.

Je veux dire que j'habite ordinairement un pays étranger. — J'ai peu de temps à rester à Paris, et je repartirois content, si j'avois été témoin de leur bonheur.... Vous m'avez prévenu que Madame Calas avoit dit de ne laisser entrer aujourd'hui que ses conseils.

LE PORTE-CLEF.

Certainement: sans cela, il y auroit déjà du monde ici. — Les gens sensibles et bienfaisans viennent en foule depuis qu'elle est dans cette prison. Tout cela, c'est l'ouvrage de ce grand homme, de ce Monsieur de Voltaire.

VOLTAIRE, *avec embarras.*

De M. de Voltaire.... Non, c'est l'ouvrage du temps et de la philosophie.

LE PORTE-CLEF.

La philosophie, c'est fort bon ; mais M. de Voltaire a mis dans cette affaire....

VOLTAIRE, *de même.*

M. de Voltaire a fait ce que tout homme sensible auroit fait à sa place.

LE PORTE-CLEF.

Vous ne l'aimez pas, à ce qu'il paroît ; en ce cas, je ne vous conseille pas de rester ; car, depuis que Madame Calas est ici avec sa famille, cette prison retentit, à chaque instant, du nom de ce brave homme, de ce grand homme.

VOLTAIRE *très-ému, essuyant une larme.*

Vous dites, mon ami....

LE DOMESTIQUE, *bas.*

Prenez garde de vous trahir.

LE PORTE-CLEF.

Cela vous fâche ! (*à part*) C'est quelqu'auteur, ou quelque dévot ; sans cela, il seroit le premier à dire, comme tout le monde : (*haut*) Monsieur, je vous avois promis de vous cacher dans ce cabinet ; mais le mépris que vous montrez pour M. de Voltaire....

VOLTAIRE.

Du mépris !..... Non, je le connois mieux qu'un autre ; mais c'est que vous l'exaltez trop....... M. de Beaumont, ce célèbre avocat, et les autres conseils de madame Calas, méritent aussi....

LE PORTE-CLEF.

Je le sais bien : — mais, sans M. de Voltaire... J'entends du bruit. Vous voulez parler à la vieille servante ; je vous laisse.

VOLTAIRE, *montrant le cabinet à droite.*

Et ce que vous m'avez promis.

LE PORTE-CLEF.

Allons, soit ; vous reviendrez dans une demi-heure ; je garderai la clef de cette porte, et vous entrerez dans ce cabinet par celle du grand corridor. J'y consens, quand ce ne seroit que pour vous convertir sur M. de Voltaire ; ce que vous entendrez, suffira...

M. DE VOLTAIRE, *lui donnant un louis.*

Prenez. —

LE PORTE-CLEF.
Ce léger service ne vaut pas tout cela.
VOLTAIRE.
Vous surveillez ici beaucoup de malheureux. Partagez entr'eux ce que vous croyez que je vous donne de trop.

SCENE II.

VOLTAIRE, LE VIEUX DOMESTIQUE.

LE DOMESTIQUE, *le faisant asseoir.*

Monsieur, reposez-vous. Arrivé hier soir de Ferney... A votre âge, les voyages fatiguent; il n'y a qu'un instant encore, vous vous plaigniez de douleurs....

VOLTAIRE.

Ce que je viens d'entendre m'a délassé. Mon voyage *incognito* à Paris, ressemble, en effet, à une partie de jeune homme; mais, tu le sais, le corps est usé, le cœur est toujours jeune, toujours ardent.

LE DOMESTIQUE.

Sur-tout pour faire le bien.

VOLTAIRE.

Hé! hé! il entre peut-être dans mon voyage un peu d'amour-propre; mais ce sentiment doit m'être permis. J'ai pensé que la révision du procès de Jean Calas étoit déjà une victoire; que c'étoit du moins un préjugé favorable à la réhabilitation que j'ai demandée au nom de la justice, de l'humanité; et je n'ai pu me refuser au plaisir d'être le témoin invisible de la satisfaction de cette vertueuse famille.

LE DOMESTIQUE.

Quoi! vous ne vous montrerez pas même à la veuve, à ses enfans!

VOLTAIRE.

Non, ma jouissance sera plus pure; d'ailleurs, mes forces ne pourroient suffire. Si Calas est réhabilité aujourd'hui, je repars demain; si le tribunal laisse subsister la tache qui couvre cette famille respectable, je repars de même; et vais, dans ma solitude, joindre les noms des nouveaux juges à ceux de Toulouse. Je reprends mes armes brûlantes; et j'imprime sur leur front, comme j'ai

(8)

fait à ces derniers, les mots d'*injustice*, de *fanatisme*, d'*inhumanité*.

LE DOMESTIQUE.

Calmez-vous, mon cher maître.

VOLTAIRE *se levant*.

Oui, espérons. Trois ans se sont écoulés, et la philosophie.... Espérons.... C'est de ce cabinet que j'entendrai leurs cris d'attendrissement, les soupirs qui précèdent les larmes de joie... — Ces larmes! elles couleront sur mon cœur... Mon ami, tu as paru surpris de me voir entreprendre ce voyage; n'en ai-je pas fait autrefois pour voir représenter mes ouvrages, pour jouir de mes succès?... Eh! que sont tous les triomphes de l'esprit auprès d'une jouissance du cœur.

LE DOMESTIQUE, *regardant par la porte à gauche, qui est ouverte.*

On ouvre une porte; une femme habillée en paysanne, et dont l'air est bon, affable....

VOLTAIRE.

C'est, sans doute, la tolérante Jeanne, la vieille servante catholique... Va m'attendre près d'ici...

LE DOMESTIQUE.

Prenez garde que l'on ne sache...

VOLTAIRE.

Ils ne m'ont jamais vu: Le jeune Calas, seul...

LE DOMESTIQUE.

Ils pourroient vous deviner...

VOLTAIRE, *en souriant.*

Je jouerai plutôt le fanatique.

LE DOMESTIQUE, *en sortant.*

Oh! l'on ne vous reconnoîtra pas.

VOLTAIRE, *seul.*

D'ailleurs, on est si éloigné de me croire à Paris; mes amis même.... Je ne sais si je pourrai repartir sans les voir...

———————————

SCENE

SCENE III.

VOLTAIRE, JEANNE.

JEANNE *entre par la porte à gauche, en s'essuyant les yeux, et regardant la porte par laquelle le vieux domestique est sorti.*

J'ai cru que quelqu'un sortoit... La porte est toujours ouverte ; mais l'on est en sûreté dans cette prison :... et puis on a recommandé au porte-clef.... (*Appercevant M. de Voltaire.*) Ah ! je ne voyois pas.... Monsieur voudroit, sans doute, voir ma bonne maîtresse.

VOLTAIRE.

On vient de me dire qu'elle ne voyoit personne aujourd'hui.

JEANNE.

C'est vrai, mon cher Monsieur ; il y a trois ans, à pareil jour, que son malheureux époux...

VOLTAIRE.

N'achevez pas, je le sais...

JEANNE.

Et vous sentez....

VOLTAIRE.

Je partage la douleur que doit lui causer cet affreux souvenir.... Vous êtes bien émue.

JEANNE.

Je viens de la laisser entre les bras de ses enfans qui pleurent avec elle.... Plus le moment approche, et plus sa douleur.... Je n'ai pas pu soutenir long-temps....

VOLTAIRE.

Ne vous gênez pas avec moi... Ces larmes vous honorent.... Madame Calas devroit cependant être plus calme. Tout le monde espère que le nouveau tribunal...

JEANNE.

Si vous connoissiez cette affaire, vous verriez que l'on n'a jamais désespéré de la cause, mais seulement de la justice des hommes.

VOLTAIRE.

Jeanne, vous parlez juste.

B

JEANNE.

Le malheur donne un peu de raison ; et, comme dit ma bonne maîtresse, les prisons achèvent de pervertir les méchans, et d'épurer le caractère des bons.

VOLTAIRE.

Madame Calas dit vrai. Jeanne, votre attachement pour vos maîtres fait leur éloge.

JEANNE.

Leur éloge, Monsieur ; ils sont si respectables : j'ai toujours cru que cela ne faisoit que le mien.

VOLTAIRE.

Vous m'entendez : née dans une religion différente....

JEANNE.

Qu'importe ! Lorsqu'il s'agit de rendre service, tous les honnêtes gens sont de la même religion.

VOLTAIRE.

Vous m'étonnez...

JEANNE.

Tant pis pour vous ; écoutez donc ; je ne sais pas bien lire ; mais tous les soirs, ma bonne maîtresse lit : j'écoute et je profite.

VOLTAIRE.

C'est bien.

JEANNE.

Je me fais expliquer ce que je ne comprends pas ; et Madame Calas a autant de patience que de bonté. Elle lit à ses enfans, à moi, tout ce que M. de Voltaire a écrit sur la tolérance.

VOLTAIRE, *étonné et ému.*

Voltaire !

JEANNE.

Oui, et ça ne devroit pas vous surprendre ; car, comme on dit dans notre pays, après Dieu, c'est son sauveur.

VOLTAIRE, *très-ému et avec embarras.*

Parlons de Madame Calas.

JEANNE.

D'elle.... et de lui. Ici, ces deux noms ne vont guères l'un sans l'autre.... Celui de M. de Voltaire... je ne puis le prononcer sans que des larmes.... (*Voltaire cache son émotion*). Quoi ! cela vous feroit de la peine ?

VOLTAIRE.

Non ; mais parlons d'autre chose.

JEANNE, avec force et sensibilité.

D'autre chose.... Non, toujours de lui, toujours, et jusqu'à mon dernier soupir. Dieu m'a donné un cœur pur ; et sans M. de Voltaire, je passerois peut-être pour coupable. Aussi, je ne mourrai pas contente que je ne l'aie vu, que je ne me sois jettée à ses pieds, que je ne les aie baignés de mes larmes.

VOLTAIRE *fait un mouvement de sensibilité et s'arrête.*

Quelle épreuve !

JEANNE.

Il y a loin d'ici à Ferney ; j'irai à pied, s'il le faut ; je suis vieille ; (*en montrant son cœur*) ; mais c'est-là, c'est-là que je retrouverai des forces.

VOLTAIRE, *se soutenant à peine.*

Je me découvrirois, fuyons....

JEANNE, *avec douleur.*

Oh oui ! sortez, sortez.

VOLTAIRE, *s'appuyant sur la table.*

C'est un supplice...

JEANNE.

Un supplice... le méchant !.. Eh bien ! levez les yeux.

VOLTAIRE.

Que vois-je ?

JEANNE.

Le buste de ce brave homme. Par-tout, on vante son esprit, son génie ; c'est ici qu'il faut venir pour bien connoître son cœur. Cette inscription est tracée de la main de Madame Calas... (*Venant sur l'avant-scène en pleurant*). Le méchant ! ne pas aimer M. de Voltaire ! Je ne puis plus le regarder.

VOLTAIRE, *à part, regardant l'inscription.*

Lisons : « au plus grand génie ». (*avec indifférence*) ; oh !... « Au cœur le plus sensible ». (*Avec sensibilité*) ; oh ! oui ! (*Il jette un coup-d'œil, voit que Jeanne ne le regarde pas, arrache l'inscription, la porte à son cœur, et la serre*) ; ah ! je la garderai. (*Allant vers le portrait qui est voilé*) ; quel est ce tableau ?

JEANNE.

Que vous importe ? Vous ne l'aimerez pas d'avantage. C'est le portrait de mon malheureux maître, de M. Calas.

VOLTAIRE, à part.

Je n'ai jamais vu ses traits ; je n'ai connu que son ame. (haut). Voyons.

JEANNE, avec un cri d'effroi et de sensibilité.

Ah ! ne le découvrez pas ! il est trop ressemblant.

VOLTAIRE laisse retomber le voile.

Que de sentimens divers m'agitent depuis que je suis ici ! — Je ne puis y suffire. Jeanne, vous ne me connoissez pas ; un jour, vous me rendrez plus de justice : en attendant, si Madame Calas avoit besoin de quelques secours, je pourrois....

JEANNE, sans le regarder.

Elle n'a besoin de rien ; d'ailleurs, je croirois la trahir en acceptant quelque chose d'un ennemi de notre bienfaiteur.

VOLTAIRE, très-ému.

Ecoutez, Jeanne, c'est à tort que...

JEANNE.

J'entends quelqu'un ; c'est Madame, sans doute. (Effrayée). Sortez, sortez.

VOLTAIRE s'arrête à la porte, fait un signe de sensibilité, en regardant du côté d'où vient le bruit, et sort vivement.

SCENE IV.

JEANNE, seule, très-émue.

Je n'aurois jamais cru cela de ce vieillard. D'abord, ses traits me plaisoient, je ne sais trop pourquoi ; mais, quand il s'est déclaré l'ennemi de M. de Voltaire... On m'avoit dit qu'il avoit beaucoup d'ennemis. Oh ! n'importe ; Madame Calas a raison. Un temps viendra qu'on lui rendra justice... Il m'a mis dans un état...

SCENE V.

MADAME CALAS, SES DEUX FILLES, PIERRE CALAS, JEANNE.

Pendant cette Scène, JEANNE rêve à part.

MADAME CALAS.

Mes chers enfans! je veux en vain chasser cet affreux pressentiment; il revient sans cesse....

LA FILLE AINÉE.

Livrez-vous plutôt à l'espérance !

MADAME CALAS.

M. de Beaumont, notre avocat, notre ami, nous a dit hier que l'on devoit s'occuper encore aujourd'hui de notre malheureuse affaire; que, peut-être même, on la termineroit....

P. CALAS.

Tant mieux ! L'incertitude est trop affreuse !

MADAME CALAS.

Les malheureux ont l'esprit foible; ils craignent tout: jusqu'ici, exempte de préjugés, mon imagination enfante cependant....

TOUS.

Ma mère !

MADAME CALAS.

Vous le savez; c'est aujourd'hui le 9. Cette date est gravée en traits de sang dans notre mémoire; et tout me présage que si le tribunal prononce aujourd'hui....

P. CALAS.

Vous, qui depuis trois ans, nous donnez l'exemple du courage, de la patience, ma mère !

MADAME CALAS.

Le temps a tout épuisé. L'arrêt qu'on va prononcer est notre seule, notre dernière espérance.... Nous avons survécu à Calas: l'espoir de démontrer son innocence a ranimé mes forces. Si cet espoir s'évanouit aujourd'hui...

TOUS.

Espérons, ma mère, espérons !

LA FILLE AINÉE, *qui a remarqué Jeanne, lui dit avec intérêt.*

Jeanne!

JEANNE, *revenant à elle (avec embarras.)*

Mademoiselle.

LA FILLE AINÉE.

Je vous observe depuis un instant; vous paroissez inquiète, émue....

JEANNE, *vivement.*

Moi, Mademoiselle!

LA FILLE AINÉE.

Oui, vous... Seroit-..:ce la douleur de ma mère qui...

JEANNE, *troublée (vivement.)*

Non, — non, — je n'écoutois pas. —

P. CALAS.

Non, dites-vous? Qui peut donc causer?...

JEANNE, *embarrassée.*

Rien, Monsieur, rien.

MADAME CALAS.

Parlez, Jeanne, parlez; mes pressentimens seroient-ils déjà vérifiés?

JEANNE *(de même.)*

Eh Madame!

P. CALAS.

Avez-vous vu quelqu'un?...

JEANNE *(de même.)*

Non.... j'ai bien vu un homme, un méchant... mais.

TOUS, *avec intérêt.*

Achevez.

JEANNE.

Comme vous me pressez!... Je vous dis que cela ne regarde pas le procès.

MADAME CALAS.

N'importe, je veux savoir...

JEANNE.

Mon Dieu! cela va peut-être vous chagriner; et je voulois vous cacher.

TOUS.

Nous cacher!

MADAME CALAS, *avec fermeté.*

Parlez, Jeanne, je l'exige.

JEANNE.

Madame, un vieux Monsieur est entré tout-à-l'heure ici, avec cet air d'intérêt que tant de gens...

TOUS.

Eh bien !

JEANNE.

Eh bien ! j'ai cru d'abord que c'étoit l'humanité qui l'amenoit ; mais, quand j'ai prononcé le nom de M. de Voltaire, il a changé de visage ; il n'a pu cacher son trouble.... sa haine....

MADAME CALAS.

Sa haine ! ah ! il est aussi notre ennemi !

JEANNE.

Enfin, quand il a vu les pleurs que ce nom si cher me faisoit répandre, il a pâli, et n'a pu soutenir plus long-temps ma vue ; mais je l'ai puni, en forçant ses regards de se porter sur les traits de ce grand homme.

P. CALAS.

Que ne m'avez-vous appelé ! C'est devant ce buste que je l'aurois forcé d'expier...

MADAME CALAS.

Le méchant ! il a arraché l'inscription que mon cœur...

JEANNE, *effrayée.*

O mon Dieu ! je n'avois pas vu cela !

MADAME CALAS, *appercevant le portrait de Calas qui est à moitié découvert.*

Voilez ce portrait ; il l'a découvert pour le braver sans doute. Eh bien ! mes enfans, quand je vous répète, chaque jour, que nous avons un monde d'ennemis ; vous le voyez ; ils viennent nous persécuter jusques dans notre prison ; ils viennent jusques dans cet asyle insulter votre malheureux père, notre bienfaiteur ; et vous voulez que j'espère encore que sa mémoire...

P. CALAS.

Nous savons depuis long-temps que c'est un protestant, et non un assassin qu'on a poursuivi dans notre père ; nous savons que c'est au fanatisme et non à la loi qu'il a été sacrifié ; mais les temps sont changés ; les juges...

MADAME CALAS.

Sont toujours des hommes, mon fils ; la seule différence qui existe, c'est qu'il y a trois ans, à Toulouse, les fanatiques levoient la tête, prêchoient, sans honte, l'intolérance et le crime; au lieu qu'aujourd'hui, dans cette capitale, ils se cachent sous le masque de l'hypocrisie; ils attaquent dans les ténèbres, mais leurs coups n'en sont pas moins sûrs: nous avons éprouvé les fureurs des premiers; nous sentirons peut-être aujourd'hui jusqu'où va la sourde vengeance des autres. Cet homme étoit un de ces fanatiques; il venoit...

P. CALAS.

J'éclaircirai ce mystère.... Calmez-vous! on vient...

M. DE BEAUMONT, *sans paroître.*

Vous savez que je puis entrer.

P. CALAS.

C'est M. de Beaumont, notre défenseur.

SCENE VI.

LES PRÉCÉDENS, M. DE BEAUMONT.

Tous, *avec le plus vif intérêt.*

EH bien, Monsieur!

M. DE BEAUMONT.

Le triomphe de l'innocence approche.

MADAME CALAS.

Ce fut toujours votre langage; toujours l'espérance vous suit dans ces lieux.

M. DE BEAUMONT.

Il approche, vous dis-je; le rapporteur parle en ce moment.

TOUS.

En ce moment!

M. DE BEAUMONT.

Et dans un instant, les juges vont prononcer; je me suis dérobé pour vous en prévenir...

MADAME CALAS, *avec douleur.*

Quelle attente!

M. DE BEAUMONT.

Jusqu'ici, le rapporteur vous est favorable.

MADAME

MADAME CALAS.

Mais les juges, les juges !...

M. DE BEAUMONT, *avec force*.

Madame, s'ils sont impassibles, la mémoire de Calas sera réhabilitée... Que dis-je? elle le sera... Ma raison, mon cœur, tout me dit...

MADAME CALAS.

Ah! nous n'avons que trop éprouvé que peu d'hommes ont un cœur aussi compatissant...

M. DE BEAUMONT.

L'assemblée est nombreuse, et le silence est profond; de temps en temps seulement, à la citation de quelque fait en faveur de Jean Calas, on entend des cris d'attendrissement étouffés et... retenus; on diroit que les spectateurs voudroient applaudir, s'arrêtent et craignent de perdre un mot : jamais il n'y eut tant d'affluence; jamais on ne marqua tant d'intérêt; et cela ne m'étonne pas: le triomphe de l'innocence intéresse tous les honnêtes gens.

MADAME CALAS.

Dans la foule, auriez-vous reconnu quelques-uns des protecteurs ?...

M. DE BEAUMONT.

J'ai peu considéré les spectateurs; mais leurs soupirs ont retenti dans mon cœur... Mes regards se portoient vers le tribunal; ils erroient sur les juges; ils interrogeoient leurs yeux, leurs traits, leurs gestes...

TOUS, *vivement*.

Eh bien !

M. DE BEAUMONT.

Eh bien! soit illusion de mon cœur, soit réalité, j'ai cru que leurs traits n'avoient plus cet air impassible, cette sévérité de la loi; ils paroissoient attendre avec impatience la fin du rapport; en un mot, j'ai cru ne plus voir des juges, mais des hommes sensibles qui se préparoient à faire une bonne action.

MADAME CALAS.

M. de Beaumont, ce qui est peint dans votre cœur, se retrace à vos yeux.

P. CALAS.

Pourquoi ne pas espérer, lorsque notre défenseur...

M. DE BEAUMONT.

Je revole au tribunal; le plaisir de vous peindre ce que

C

j'ai vu, ce que j'ai senti, pouvoit seul m'arracher à un rapport dont chaque mot...

P. CALAS.

Allez, Monsieur, allez répandre dans tous les cœurs, cette flamme dont vous êtes embrâsé. Nous ne vous parlons pas des sentimens qui nous agitent; il y a long-temps que nous ne pouvons plus ajouter à leur expression et à notre reconnoissance.

M. DE BEAUMONT, *les pressant dans ses bras.*

Mes amis, je vous l'ai dit, si vous lisiez là, si vous saviez quelle jouissance pure... ah! vous verriez que c'est moi qui vous dois de la reconnoissance... J'ai fait ce que j'ai pu, ce que j'ai dû; j'ai suivi la route que m'avoit ouverte, que m'avoit tracée M. de Voltaire; et, vous le savez, sans les menées sourdes des fanatiques, peut-être que déjà...

MADAME CALAS.

Ah! il n'y a qu'un instant encore, nous avons découvert qu'ils redoubloient...

M. DE BEAUMONT.

N'importe; la vérité a beaucoup d'amis. Mais le temps presse, je vais... (*Il fait quelque pas*).

MADAME CALAS.

Allez; et quelque soit le jugement, votre gloire n'en sera pas moins pure.

M. DE BEAUMONT, *revenant et montrant le buste.*

La gloire! elle appartient toute à ce grand homme. Ah! croyez que, si notre attente est remplie, la plus légère idée de gloire ne viendra point s'offrir à mon cœur, qui ne verra que le tableau d'une famille satisfaite et régénérée. (*Sortant*). Je reviendrai bientôt; adieu, adieu, mes amis.

LES FILLES, JEANNE.

Notre défenseur.

P. CALAS.

Notre ami.

MADAME CALAS.

Nos cœurs vous accompagnent.

SCENE VII.

LES PRÉCÉDENS, hormis M. DE BEAUMONT.

Madame Calas.

Ah! pourquoi tous les cœurs ne sont-ils pas aussi sensibles? Pourquoi tous les juges...

P. Calas.

Pourquoi? Parce qu'avant d'entrer dans le sanctuaire des loix, on ne s'informe même pas si l'homme qui se destine à juger ses semblables, a un cœur; on lui dit seulement; payez, et vous jugerez. Oui, voyez la différence qui existe entre notre défenseur et eux ; voyez l'immense distance qui les sépare aux yeux de la philosophie et de l'humanité. Les magistrats, qui, en ce moment, examinent la procédure, ont acheté le droit de nous juger; et M. de Beaumont nous a dit cent fois qu'il eût acheté celui de nous défendre.

Madame Calas.

Et c'est-là ce qui me fait craindre...

P. Calas.

Il en est cependant qui, avant d'entrer dans cette carrière redoutable, interrogent leur courage et leur cœur; il en est dont l'ame s'élève à la hauteur de ce sacré ministère; il existe des LA SALLE, des magistrats compatissans, et qui, dans un coupable même, voient encore un homme.

Tous.

Des LA Salle!

P. Calas.

Ah! ce nom gravé en traits de feu dans nos cœurs, ne sort jamais de ma bouche sans que mon imagination vienne me retracer le tableau qui s'offrit à mes regards, la première fois que je le vis... C'étoit à lui des interrogatoires que nous subîmes... Mon père parloit... M. de LA SALLE, les yeux baignés de larmes qu'il cherchoit en vain à cacher, les mains involontairement tendues vers mon père, sembloit lui dire : « allons, ranimez vos forces, votre courage... achevez ce récit douloureux... Que vos yeux se tournent vers moi, vers moi seul.... S'ils erroient sur les autres magistrats, vous seriez intimidé, vous

vous troubleriez peut-être... Ah! qu'ils ne se fixent que sur moi... Je suis juge aussi, mais je suis sensible.

Tous, *avec sensibilité.*

Ah!

P. CALAS.

A côté de M. de la SALLE, à sa droite, étoit un magistrat froid, immobile, dont tous les traits peignoient l'insensibilité, et dont le regard sévère, attaché sur mon malheureux père, sembloit lui dire : « tremble, tremble, l'échaffaud t'attend.

Tous, *avec effroi.*

Ah!

P. CALAS.

A sa gauche, un autre juge, nul sans doute, et d'esprit et de cœur, mais dont le suffrage comptoit cependant, soulevoit, à chaque cri douloureux de mon père, une paupière appésantie... Il sommeilloit; et ne se réveilla, peut-être, que pour signer l'arrêt de sa mort.

Tous, *avec horreur.*

Quel tableau!

P. CALAS.

Il est affreux! Pour des gens heureux, il n'est pas vraisemblable; mais il est vrai.

MADAME CALAS.

Mon fils, quel trouble vous avez jetté dans mon ame!

P. CALAS.

A ce souvenir, je n'ai pas été maître de mon émotion; elle m'a fait perdre de vue un objet important, et qui doit seul nous occuper; oui, je veux absolument savoir quel est cet homme qui s'est introduit ce matin ici. Rentrez, ma mère; rentrez, mes sœurs. En interrogeant seul le Porte-Clef, il parlera avec plus d'assurance, et je parviendrai...

MADAME CALAS.

A découvrir de nouvelles horreurs.

P. CALAS.

Calmez-vous, ma mère, calmez-vous.

MADAME CALAS, *en sortant, appuyée sur ses enfans.*

Je vais tâcher de ranimer mes forces, pour apprendre la nouvelle d'un jugement qui nous prépare peut-être...

P. CALAS.

Qui nous prépare, espérons-le, la seule jouissance qui reste à des infortunés. (*seul*) Allons! (*il va au fond et tire un cordon ; on entend une forte sonnette, qui répond au loin. Ensuite il ouvre la porte, regarde et fait un signe, en disant*) oui, c'est moi qui ai sonné ; approchez, approchez.

SCENE VIII.

P. CALAS, LE PORTE-CLEF *s'arrête à la porte.*

P. CALAS, *lui faisant signe d'approcher.*

Vous pouvez... Un inconnu est entré, ce matin, dans cette salle... Dites la vérité.

LE PORTE-CLEF.

Je la dirai, Monsieur ; et, si j'ai fait mal, je l'avouerai aussi ; car c'est sans intention. Un vieillard, soutenu par un vieux domestique, est, en effet, venu ce matin, et m'a prié, avec les plus vives instances, de le laisser entrer...

P. CALAS.

Madame Calas avoit dit qu'elle ne pouvoit recevoir personne aujourd'hui.

LE PORTE-CLEF.

Aussi, n'étoit-ce qu'à la servante qu'il vouloit parler. Son âge, son air touchant, m'ont d'abord prévenu ;... et je n'ai vu en lui qu'un de ces hommes bienfaisans, qui viennent tous les jours vous consoler et vous offrir des secours.

P. CALAS.

Jusques-là, vous avez pu vous méprendre ; mais s'il vous est échappé de prononcer devant lui le nom de notre bienfaiteur, de M. de Voltaire...

LE PORTE-CLEF.

Je l'ai prononcé, et j'ai remarqué son trouble ; je lui ai même reproché l'injuste prévention...

P. CALAS.

Ce trait seul auroit dû vous suffire pour l'écarter, comme un de nos cruels ennemis.

LE PORTE-CLEF.

Il est vrai ; mais son air respectable....

P. CALAS.

Pardonnez ; mais, par état, accoutumé à voir des gens qui ne le sont pas, vous avez pu...

LE PORTE-CLEF.

Malgré ce qu'il m'a dit, je crois encore...

P. CALAS.

On peut, on doit se défier des gens qui se cachent, et si c'est un homme à craindre, nous voulons le connoître, pour que les honnêtes gens s'en défient... (*avec chaleur*). Il a parlé sans respect de Voltaire; ah! si ce n'est un fanatique, c'est sans doute un de ces journalistes éhontés, affamés, qui vivent des grandes réputations, et qui, non contens de s'acharner sur ses immortels écrits, cherchent encore à calomnier ses actions. — Ses ouvrages, je les livre au public, qui les défendra; à la postérité, qui leur assignera une place honorable; mais son ame, son caractère, son humanité, je les défendrai contre les attaques des méchans, je les défendrai contre l'univers entier. Je ne puis juger son génie; je ne suis ni littérateur, ni connoisseur : mais je suis homme; je suis sensible; je suis fils de Calas : à ces titres, je dois connoître, je connois le cœur de M. de Voltaire.

LE PORTE-CLEF.

Je sais...

P. CALAS, *vivement*.

Pardon, je m'égare; mais je parle de notre bienfaiteur, de notre Dieu tutélaire, d'un homme que j'idolâtre..... Moi seul, j'ai eu le bonheur de le voir; c'est moi qui allai à Ferney me jetter à ses pieds, lui faire le récit de nos malheurs. Etranger, lorsque j'entrai chez lui, après les premiers mots, il me traita en ami; quelques mots encore, et il m'appela son fils... J'allois le prier, et ce fut lui qui me remercia de l'occasion que je lui offrois de faire le bien.

LE PORTE-CLEF, *avec émotion*.

Monsieur, promettez-moi de ne pas interpréter défavorablement... Ce vieillard vouloit, disoit-il, être le témoin invisible de l'effet que produiroit sur votre famille la nouvelle du jugement qu'on va rendre; et je lui avois promis...

P. CALAS.

Achevez...

LE PORTE-CLEF.

De le cacher dans ce cabinet dont une porte donne sur le grand corridor; je gardois la clef de celle-ci.

P. CALAS.

Comment? vous avez pu...

LE PORTE-CLEF.

Je croyois qu'il lui suffiroit d'entendre vos vœux, vos prières, vos soupirs, pour le réconcilier avec M. de Voltaire; mais, puisque vous pensez que j'ai pu compromettre... je vais l'attendre, lui rendre son argent, et lui dire que je ne peux...

P. CALAS, *étonné.*

Son argent!

LE PORTE-CLEF.

Je lui avois promis de le cacher avant qu'il me le donnât. Je suis pauvre; je l'ai reçu comme un bienfait, et non comme un salaire.

P. CALAS, *après l'avoir regardé un instant.*

Je vous crois, et pour vous prouver que je suis loin de soupçonner... je veux suivre votre idée... Remplissez la promesse que vous lui avez faite; cachez-le... Oui, ce qu'il entendra, le changera, ou au moins le punira.

LE PORTE-CLEF.

Il ne peut tarder à venir; prenez la clef de cette porte...; je n'en ai pas besoin.

P. CALAS.

Non, je ne puis supposer que vous en abusiez...

LE PORTE-CLEF.

Gardez-la pour... pour ma tranquillité.

P. CALAS *la prend et la serre.*

Soit; car ce n'est pas pour la mienne... Je vous prie même d'excuser le ton que d'abord...

LE PORTE-CLEF, *en sortant.*

Il ne m'a point affecté; vous ne voyiez que mon état, que mes habits; vous ne connoissiez pas... (*Il montre son cœur, et sort*).

P. CALAS, *seul.*

Il raison; telle a été pour nous, depuis trois ans, la rigueur des loix et des juges, que nous n'avons trouvé de l'honnêteté et des consolations que dans les prisons.

SCENE IX.

P. CALAS, LA VEUVE CALAS.

MADAME CALAS.

EH bien! mon fils, avons-nous de nouveaux malheurs à redouter?

P. CALAS.

Eh? qu'importe un ennemi de plus à des infortunés qui ont eu contre eux un peuple de fanatiques! Nous saurons dans quelques instans, s'ils sont aussi puissans qu'il y a trois ans; nous saurons si la philosophie...

MADAME CALAS.

Ses progrès sont lents sur l'esprit des peuples. (*On entend le bruit d'une porte qu'on ouvre dans le cabinet*). D'où vient ce bruit? Renfermeroit-on quelqu'infortuné dans la chambre voisine? Les juges nous avoient promis de ne point nous environner des cris de la douleur; n'avons-nous pas assez de notre infortune?

P. CALAS, *lui faisant signe de parler bas*.
Ma mère...

MADAME CALAS.

Croit-on que le malheur ait flétri, ait endurci notre cœur? Les cruels! parce que nous avons de la patience, du courage, ils doutent de notre sensibilité!

P. CALAS, *bas*.

Non, ce n'est point un prisonnier, c'est ce même homme qui, ce matin...

MADAME CALAS, *étonnée*.

Expliquez...

SCÈNE X.

LES PRÉCÉDENS, LE PORTE-CLEF.

Le Porte-clef (*entre à petit bruit, avance jusqu'au milieu du théâtre, et dit à demi-voix.*

Le vieillard est là ; il dit qu'il vient d'apprendre que vos juges sont, en ce moment, aux opinions ; il a l'air satisfait ; et, ce qui m'étonne, il paroît prendre sincèrement intérêt à votre sort.

P. Calas, *à demi-voix.*

Il paroît satisfait, dites-vous ; vous me faites trembler.

Madame Calas.

Apprenez-nous...

Le Porte-clef, *en sortant.*

J'ai fermé la porte du corridor... Maintenant, que vous êtes instruits, ne dites que ce que vous voudrez qu'il sache.

Madame Calas.

Nos cœurs sont purs : ce que nous disons devant Dieu, les hommes peuvent l'entendre ; — mais je veux savoir... (*Pierre Calas lui dit bas quelques mots*). Quel augure !... Et sait-il ?...

P. Calas, *bas.*

Il croit que nous ignorons qu'il y est.

Madame Calas.

Ah ! nos ennemis triomphent d'avance.

(*On entend, au loin, du bruit et des cris confus ; mais on ne peut distinguer le sentiment qu'ils expriment*).

D

SCENE XI.

LES PRÉCÉDENS, JEANNE, LES DEUX FILLES
accourant.

JEANNE, *très-agitée.*

Madame, nous venons de voir au loin, par cette fenêtre grillée, qui donne dans la rue, une foule....

L'AÎNÉE, *de même.*

Une foule considérable...

MADAME CALAS, P. CALAS.

Eh bien!

JEANNE.

Nous n'avons pu distinguer ce qui l'agite ; mais plusieurs personnes courent, en désordre, vers cette prison.

L'AÎNÉE.

En poussant des cris...

MADAME CALAS, P. CALAS.

Des cris?

JEANNE, *avec émotion.*

Au milieu de la foule, nous avons cru reconnoître....

L'AÎNÉE, *de même.*

Oh! oui; je l'ai reconnu.

MADAME CALAS.

Achevez!

JEANNE.

M. de Beaumont, qui, l'air éperdu, égaré, son mouchoir sur les yeux....

MADAME CALAS, *tombant dans les bras de ses enfans.*

Notre sort est décidé.... la mémoire de Calas....

P. CALAS.

Ma mère, cette prison est très-élevée.... elles n'ont pu distinguer.... d'ailleurs, nous sommes malheureux; nous ne connoissons que les larmes de la douleur; il en est d'autres....

MADAME CALAS.

Non, non!

P. CALAS.

Elles ont pu se méprendre. (*On entend du bruit.*)

SCENE XII.

LES PRÉCÉDENS, M. DE BEAUMONT, LE PORTE-CLEF.

Le Porte-Clef reste à la porte, avec un air d'intérêt : M. de Beaumont a l'air de la plus vive agitation ; son visage est baigné de pleurs, ses vêtemens sont en désordre.

MADAME CALAS, *au désespoir.*

AH ! Monsieur, nous savons notre sort.

M. DE BEAUMONT, *avec le plus grand étonnement.*

Qui donc a pu me devancer, lorsque réunissant toutes mes forces....

MADAME CALAS.

Qui ? les cris du peuple.

M. DE BEAUMONT, *vivement.*

Auroient-ils percé jusqu'à vous, ces cris de joie et d'attendrissement ?

TOUS, *dans le délire de la joie.*

De joie.... d'attendrissement !

(*Ils font tous un mouvement pour se jetter dans les bras de M. de Beaumont ; s'arrêtent, se retournent, et tombent à genoux, les mains étendues vers le ciel.*)

MADAME CALAS, *avec délire et oppression.*

Mon Dieu !...

P. CALAS, *de même.*

Reçois l'hommage....

L'AINÉE, *de même.*

Du premier instant....

LA CADETTE, *de même.*

De joie pure....

JEANNE, *de même.*

Qui pénètre dans l'ame....

TOUS.

D'une famille vertueuse.

MADAME CALAS à M. Beaumont, qui l'aide à se relever.

Voilà votre ouvrage et votre récompense.

M. DE BEAUMONT.

Ma récompense !... Je viens de la lire dans les yeux d'un peuple immense, qui m'a accablé de caresses, qui m'a baigné de ses larmes. Les mères, les enfans, me pressoient sur leurs cœurs ; il sembloit que c'étoit de leurs époux, de leurs pères, qu'on venoit de réhabiliter la mémoire.

(*Ici les deux filles sortent et rentrent l'instant d'après.*)

MADAME CALAS.

Quoi ! les opinions....

M. DE BEAUMONT.

Ont été unanimes ; les juges s'empressoient de donner leurs voix ; c'étoit aussi leur triomphe, et moi, au premier cri de la justice, voulant vous apporter cette heureuse nouvelle, j'ai choisi une porte peu connue, par laquelle je croyois ne point être vu : vain espoir ! La foule entouroit le palais de la justice ; on m'a interrogé, deviné, reconnu ; j'ai voulu hâter ma marche ; mais bientôt mes pieds n'ont plus touché la terre ; élevé sur mille bras, planant sur une foule innombrable, heureuse de votre bonheur, j'ai été porté en un instant, jusqu'aux portes de cette prison.

L'AINÉE, *lui présentant une couronne de chêne.*

Vous le voyez, ma mère, nous espérions, et nous avions préparé la couronne.

M. DE BEAUMONT.

Que faites-vous ? (*Montrant le buste.*) C'est à cet homme célèbre, aussi grand par sa bienfaisance que par son génie, que vous devez l'arrêt qui proclame l'innocence d'une victime du fanatisme ; c'est à lui que je dois le bonheur d'avoir plaidé une si belle cause. Allons ensemble poser cette couronne sur son auguste image ; allons joindre ces branches de chêne, emblêmes de la vertu, aux lauriers qui ceignent sa tête. (*On entend des soupirs étouffés, qui partent du cabinet.*) D'où vient ce bruit ?

P. CALAS, *à demi-voix.*

C'est ce vieillard fanatique, qui frémit de rage.

M. DE BEAUMONT, *étonné.*

Comment ?

MADAME CALAS.

Eh ! qu'importe : chassons maintenant ces idées importunes. (*Elle prend la couronne des mains de M. de Beaumont, et ils font ensemble quelques pas vers le buste de Voltaire.*) Allons.

P. CALAS, *comme par réflexion.*

Non, arrêtez ; suspendez cet hommage : que le triomphe de M. de Voltaire, et le supplice de son ennemi, soient complets.

M. DE BEAUMONT.

Où courez-vous ?

P. CALAS, *ouvrant la porte du cabinet.*

Je veux qu'il soit témoin de notre ivresse, et que sa honte.... il n'entend que nos soupirs, il verra nos larmes d'attendrissement. (*Il entre dans le cabinet, et prend M. de Voltaire par le bras.*) Venez, Monsieur, venez contempler une famille régénérée devant l'image de son bienfaiteur....

―――――――――

SCÈNE XIII ET DERNIÈRE.

LES PRÉCÉDENS, M. DE VOLTAIRE.

M. DE VOLTAIRE *cherche à se cacher le visage de son mouchoir, et dit, en levant les yeux au ciel :*

O Ciel !

P. CALAS.

Osez porter la vue, et que les remords.... (*Avec le plus grand étonnement.*) M. de Voltaire !

TOUS, *de même.*

Se peut-il ?

M. DE VOLTAIRE, *dans le plus grand désordre.*

Laissez, laissez....

MADAME CALAS, *vivement, avec délices.*

J'ai vu.... je mourrai contente.

VOLTAIRE, *très-ému, faisant quelques pas pour sortir.*

Laissez-moi m'arracher à des jouissances au dessus de mes forces !

TOUS,

(*Avec force, les uns à genoux, les autres les mains*

tendues vers lui, et faisant une chaîne pour l'empêcher de sortir.)

Non; nous avons besoin de vous voir.

(*Ils se rapprochent tous de lui, le pressent dans leurs bras, l'accablent de caresses; Jeanne est à ses pieds.*)

M. DE VOLTAIRE, *oppressé, se soutenant à peine.*

Mes amis.... mes enfans.... je suis vieux.... je suis foible.... mon ame seule.... ménagez-moi..... VOUS VOULEZ DONC ME VOIR MOURIR? (1) *Il tombe dans leurs bras.*

M. DE BEAUMONT.

Ayez égard à son âge, à sa profonde sensibilité.

M. DE VOLTAIRE, *en revenant un peu à lui, jette les yeux sur M. de Beaumont, et lui dit, en le pressant sur son cœur:*

Homme vertueux, c'est à vous que je dois.... (*Appercevant Jeanne à ses pieds.*) Que faites-vous, respectable fille?

JEANNE.

O mon bienfaiteur, me pardonnerez-vous de vous avoir pris pour un de ces méchans?...

M. DE VOLTAIRE.

Cette méprise m'a fait à la fois trop de plaisir et de mal, pour l'oublier jamais.... (*Au moment où il se baisse pour relever Jeanne, madame Calas pose la couronne sur sa tête, il l'ôte avec précipitation.*) Une couronne! pour ce que j'ai fait.... Ah! ne faites pas cette injure à l'humanité!

(*Les parcourant tous en silence, et voyant qu'ils le regardent avec l'air de la plus vive satisfaction*).

Il seroit difficile de dire quel est ici le plus heureux.

TOUS, *vivement.*

C'est-moi.

M. DE VOLTAIRE.

Justement.... c'est moi, c'est chacun.... Oui, c'est ce bonheur général qui centuple nos jouissances.

LE PORTE-CLEF *avance avec timidité.*

Monsieur.... ce matin je vous ai offensé, et depuis je vous ai trahi. Daignerez-vous....

---

(1) *Ce sont les paroles de Voltaire, en succombant sous le poids des honneurs qu'on lui rendit à Paris en 1778.*

M. DE VOLTAIRE, *vivement, lui prenant la main.*

Trahi! je.... je vous en remercie.

LE PORTE-CLEF, *voulant retirer sa main.*

Que faites-vous?

M. DE VOLTAIRE.

Laissez votre main dans la mienne : des souverains ont quelquefois cru m'honorer en agissant ainsi avec moi ; ici c'est moi qui m'honore, en rendant justice à un brave homme, victime d'un préjugé barbare.

TOUS.

Quel homme!

LE PORTE-CLEF.

Madame, le peuple demande à grands cris à vous voir, ainsi que vos enfans. On s'oppose, avec beaucoup de peine, au désir qu'il a de pénétrer dans cette prison. Veuillez vous rendre à ses vœux.

MADAME CALAS.

Allons lui montrer notre dieu tutélaire et notre défenseur.

M. DE VOLTAIRE.

Arrêtez ; je demande, j'exige même qu'on ignore que je suis ici ; je repars dès demain : je vais rapporter dans ma solitude, le souvenir de la jouissance la plus pure ; ici, elle seroit bientôt troublée par les contrariétés d'usage, par les calomnies des écrivains gagés, peut-être même par les caprices d'un gouvernement arbitraire, qui, en affichant hautement l'humanité, pourroit se venger sur moi à petit bruit des progrès de la tolérance.

MADAME CALAS.

Vous nous quittez!

TOUS.

Déjà!

M. DE VOLTAIRE.

Oui ; mais vous vous rappellerez qu'on aime à voir les heureux qu'on a faits.

MADAME CALAS.

Je vous entends.... nous irons ; nous n'avons fait que vous entrevoir : oh! oui, nous irons! Car le plus grand bienfait laisse un vuide là, quand on ne peut pas rassasier ses regards de la vue du bienfaiteur.

FIN.

De l'Imprimerie de la Feuille du Jour, rue de Bondi.

www.ingramcontent.com/pod-product-compliance
Lightning Source LLC
Chambersburg PA
CBHW071309080426
42451CB00026B/1756